13 *à la douzaine*

Cheval, âne et mulet

Texte
de Marie Chemorin
Illustrations
de Philippe Roux

Le Zouave
Éditeur
Paris

13 *à la douzaine*

1 Le tocard aux champs

2 De la chaînette à l'échalote

3 Filet de cheval, dénervé, bardé, rôti

4 Civet de cheval fin de saison

5 Culotte de cheval vapeur

6 Cervelle pour deux

7 Cœur de cheval

8 Daube de bourricot

9 Assiette anglaise et tartare de cheval

10 Âne farci

11 Bardot à l'étouffée

12 Le koumiss, lait de jument fermenté

13 Âme de cheval dédiée aux ancêtres

C'était en 1812, pendant la campagne de Russie, les soldats qui se les gelaient sous leurs capotes de feutre élimées, regardaient les chevaux d'un sale œil.

C'était en 1870, pendant le siège de Paris, les Parisiens qui faisaient la queue devant les boucheries vides commencèrent eux aussi à mater, les rats, les chats et leurs voisins d'un sale œil. Et les chevaux.

1/13

Le tocard aux champs

L'indispensable :
un steak dans le tocard par personne, une coulée d'huile d'arachide pour la cuisson et une d'huile d'olive pour la salade, sel, poivre, salade d'herbes selon la saison, citron.

Gaz et four.

Profil du bec fin

Les amoureux inconditionnels de la viande de cheval, pas très doués côté cuisine.
Le tocard se trouve au bout du bout du faux filet. C'est un des meilleurs morceaux de la bête avec la hampe, la poire, l'onglet et l'araignée.

De l'hippodrome à la poêle

Salez, poivrez, enduisez d'huile le tocard.
Glissez les steaks dans la poêle quand elle est bien chaude. Inutile de les piquer toutes les cinq secondes, la bête a déjà assez souffert comme ça. La cuisson est fonction des goûts de chacun. A point, rosé, saignante. Pour que votre viande soit très tendre, faites-lui d'abord faire un aller-retour dans la poêle à feu vif, puis déposez le steak dans un plat allant au four, préchauffé à 5, où vous le laisserez pendant dix minutes.
Servez la viande avec une délicieuse salade d'herbes à peine assaisonnée. Un peu d'huile d'olive d'excellente qualité et une goutte de citron suffiront.

Le superflu

De la biafine pour soigner les brûlures des maladroits

Conversation conseillée

Commentaire du journal télévisé.

2/13

De la chaînette à l'échalote

L'indispensable : quelques lamelles de chaînette par personne, une grappe d'échalotes (des grises, les meilleures), une lapée d'huile, du persil plat, Ketchup ou sauce barbecue toute prête.

Un grill ou un barbecue.

Profil du gourmand

La chaînette, de la dentelle découpée sur le filet, se commande à l'avance et se mange sans faim. Les enfants en raffolent.

De la chambre froide à l'assiette

La chaînette se mange à peine saisie, salée, poivrée. Une minute de cuisson suffit. Pour réhausser son petit goût de viande grillée, vous pouvez la servir avec une tombée d'échalotes finement ciselées, revenues dans l'huile jusqu'à devenir dorées et croustillantes.

Un peu de persil plat, lavé, épongé, revenu à la poêle lui aussi fera de ce plat, à l'origine anodin, une vraie friandise.

Pour les enfants, Ketchup ou sauce barbecue semble davantage conseillé, sans oublier les incontournables frites.

Le superflu

Un petit gratin de courgettes ou de potiron, bref un légume qui tranche par sa couleur et sa texture suave.

Conversation conseillée

Un brouhaha joyeux de dimanche familial.

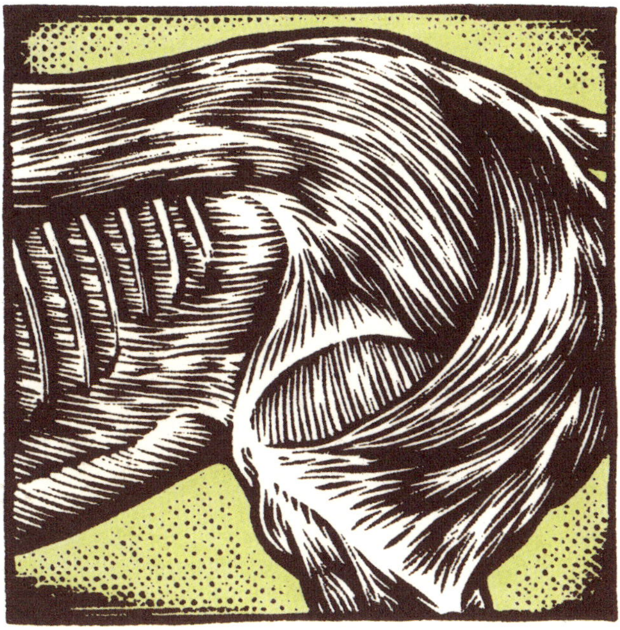

Des années plus tard, les hostilités terminées, les morts enterrés, les survivants caressaient les chevaux avec un sourire carnassier. Après tout, c'était un peu grâce à eux qu'ils avaient survécu à ces putains de guerres. Le plus gourmand d'entre eux eut une idée de génie. Pour honorer cette bête héroïque, on lui éleva des temples magnifiques en marbre clair avec une devanture rouge sang et un buste de cheval peint en or pendu au-dessus de l'entrée.

On donna à ces étranges boutiques le nom de boucherie hippophagique pour ne pas les confondre avec les autres, les bovines, qui débitaient du bœuf.

« On découpe le cheval de la tête à la queue pour bien avoir le sens de la coupe. Puis, on commence l'épluchage des nerfs qui sont immangeables. Un a un, avec des couteaux fins et flexibles, on dégage les morceaux. C'est très long. Un vrai travail de chirurgien. La viande apparaît, belle, rouge, tendre et lisse. Le morceau le plus étonnant à éplucher se niche dans le rumsteck, on l'appelle le portefeuille car il s'ouvre comme un vrai. Mais le meilleur morceau pour moi, c'est la surprise, l'équivalent du paleron chez le bœuf, en plus soyeux. »

Parole de boucher.

Filet de cheval dénervé, bardé, rôti

L'indispensable :
un rôti dans le filet,
une larme
d'huile d'olive,
sel,
poivre concassé,
oignons rouges,
persil plat,
sel de Guérande.

Un four.

Profil de l'habitué

L'essentiel dans ce plat est de bien choisir le boucher. On le reconnaît à la manière dont il prépare sa viande et déchire les nerfs de ses petits couteaux acérés.

De la prairie au four

Le boucher a dénervé, ficelé, bardé le rôti pour vous. Préchauffez le four à 7 pendant dix minutes. Enfournez le rôti salé, poivré, huilé. Le cuire en le retournant environ trente minutes si vous l'aimez rosé à cœur. Sortez le dix minutes sur la margelle du four sous une feuille de papier alu.
Servez-le découpé en tranches fines avec quelques oignons rouges épluchés et cuits vingt minutes à la vapeur. Arrosez ces derniers d'huile d'olive, parfumez de sel de Guérande et noyez le tout sous une salade de persil plat. La douceur fondante de ces légumes, souvent oubliés, se marie fort bien avec la tendreté de la viande.

Le superflu

La viande de cheval, assez douce, accepte très bien des sauces inattendues au cidre, gingembre, pommes acides, porto, cannelle, cerises au sirop, poivre vert frais, sucre en poudre ou citron.

Conservation conseillée

Snob.

Civet de cheval fin de saison

L'indispensable :
1 kg de filet de cheval.

Pour la marinade :
eau de vie
ou vin de Madère,
poivre en grains,
1 échalote,
épices, thym,
huile, sel.

Pour la cuisson (dans le désordre) :
morilles,
crème fraîche,
truffes, beurre,
lard maigre,
marrons,
1 verre de Bordeaux,
bouquet garni.

Profil du collectionneur

Le cheval est un animal sauvage, pas un gibier, mais il peut, grâce à quelques douces macérations, devenir plus fin qu'un cuissot de chevreuil.

De l'abattoir à la forêt

Faites macérer la viande coupée en cubes vingt-quatre heures dans la marinade.
Blondir dans une cocotte en fonte des échalotes avec une noix de beurre, puis du lard maigre coupés en gros dés et passés à l'eau bouillante. Retirez-les et faites alors dorer dans la cocotte les morceaux de viande. Filtrez la marinade au chinois et versez-la dessus. Rajoutez les lardons, rallongez d'un Bordeaux capiteux et d'un bouquet garni. Laissez mijoter six heures minimum au coin du fourneau. En fin de cuisson, ajoutez les morilles, quelques lamelles de truffes et de beaux marrons cuits au consommé.
Si vous voulez adoucir la couleur de la sauce noire comme le cul de la marmite dans laquelle a cuit la bête, ajoutez une rasade de crème fraîche non allégée. Ne vous pesez pas dans les jours qui suivent.

Le superflu.

Tenues de chasseurs à cheval de rigueur, et quelques tapis en peaux de bêtes pour le décor.

Conversation culinaire

Érudition œnologique.

La viande de cheval saigne, toujours. Du sang rouge vif. Le boucher l'enveloppe dans ce fameux papier rose, sur lequel un magnifique étalon, crinière au vent, vous regarde droit dans les yeux, l'air de dire : « Mangez du cheval et vous deviendrez fier et fort comme moi. » Le papier, glissant comme une toile cirée, ne retient pas le sang, alors doucement, épongez la viande avant de l'envelopper dans du papier alu pour la conserver plus longtemps. Un truc de boucher.

Le sang des bêtes.

« Moi, je n'achète que de la viande américaine, bien rouge et serrée. Dans notre jargon, on dit que c'est de la viande éclatée, des têtes de lot. Sur mille bêtes, elles seules valent le coup. Pourtant, les Amerlocks bouffent pas de cheval. Ils les élèvent juste pour les autres. Les allemandes ou les canadiennes tiennent bien la route aussi, mais surtout ne parlez plus des polonaises, qui puent le poisson et sont d'un chocolat bleu pâle. En France, on mange du cheval de trait et parfois, mais ne le dites à personne, du cheval de manège en fin de carrière, un vrai plaisir, une viande calme, moelleuse car le cheval a été bichonné. »

Parole de boucher.

Culotte de cheval vapeur

L'indispensable :
I kilo de cheval dans la culotte,
du foin,
des tomates,
des herbes au choix,
du persil,
de la chapelure,
huile d'olive,
sel et poivre.

Un autocuiseur et un four.

Profil du fétichiste

Amoureux du naturel, la fête de l'Humanité sans les merguez, champêtre.

De la vapeur au gaz

Salez et poivrez la culotte, roulez-la dans des herbes fraîches, enfouissez-la dans une petite botte de foin, qui lui permettra de conserver tout son arôme. Enfin enroulez le paquet dans une grande feuille de papier alu. Déposez le tout dans votre autocuiseur où vous aurez versé un verre d'eau. Comptez quarante minutes de cuisson. Dix minutes avant la fin, allumez le four, thermostat 6. Sortez la culotte de l'autocuiseur. Quand le four est chaud, glissez la viande, débarrassée du foin et du papier alu, bien humide dans un plat long, arrosez-la d'une rasade d'huile d'olive vierge et laissez dorer quinze minutes. Sortez la culotte du four, découpez-la en tranches fines et servez avec des tomates coupées en deux, recouvertes d'un mélange d'huile d'olive, de chapelure et de persil. Salez, poivrez et passez-les au grill du four dix minutes.

Le superflu

Pour les raffinés, vous pouvez farcir la culotte avant de la rouler dans le foin. Orties, pissenlits, pâquerettes, coquelicots, bleuets, selon la saison.

Conversation conseillée

Enfumée, cône d'herbes de rigueur.

Cervelle pour deux

L'Indispensable :
1 cervelle de cheval,
du vinaigre,
1 citron,
sel et poivre,
un petit peu de beurre
et du persil.

Profil de l'esthète

Les mêmes goûts culinaires et plus, à partager avec deux ou trois très bons amis.
La cervelle de cheval fait peur, à ceux qui ne comprennent pas qu'au fil de ces circonvolutions compliquées, nous éprouvons en la dégustant, fondante sous la langue, un plaisir inégalé.

De la boîte crânienne au palais

La préparation de la cervelle est un rituel.
Il faut d'abord la faire dégorger, une heure environ, dans un bain d'eau vinaigrée, pour la débarrasser de toutes ses impuretés.
Ensuite, après l'avoir épongée, déroulez le filet qui la maintient si ronde. Acte délicat.
Enfin, sur une assiette, vous la découpez en tranches.
Dans l'huile chaude où rissole une noisette de beurre, faites-la revenir à elle, toute dorée.
Vous pouvez aussi la rouler dans une pincée de farine, elle n'en sera que plus croustillante, mais un peu moins digeste. Servez la cervelle brûlante, rehaussée d'un filet de jus de citron et d'un rameau de persil.

Le superflu

Certains puristes, la plonge dans un court-bouillon de légumes avant de la cuire.

Conversation conseillée

Le recueillement.

« Il y a 150 ans, les gens mangeaient beaucoup de viande. Pas seulement les muscles, mais aussi le foie, la cervelle et même le cœur des animaux. Plus ils étaient pauvres, plus ils en mangeaient, mais la bonne viande se fit rare car ils étaient trop nombreux à nourrir. Les éleveurs se mirent à trafiquer les bêtes jusqu'à rendre les vaches folles et à donner la fièvre aux porcs. Les gens, qui ne se doutaient de rien, attrapèrent les maladies des bêtes, et parfois, ils en mourraient. Les survivants sont devenus végétariens. Petit à petit, on a perdu le goût du sang et l'odeur de la chair crue. »

Parole d'historien culinaire. Année 2200.

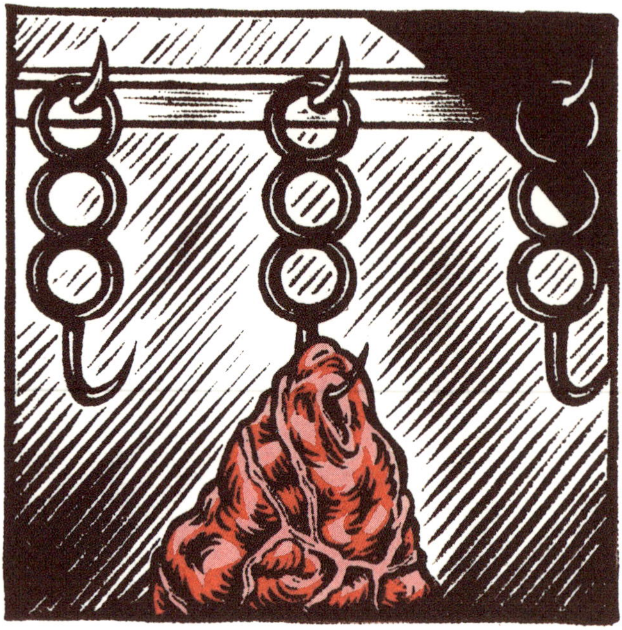

« Autrefois, on était dix dans la rue maintenant on n'est plus que deux. Avant, la viande de cheval était très populaire parce qu'elle n'était pas chère. Y avait la queue devant la boutique. Depuis, le cheval s'est fait rare et il est devenu cher. De toute façon, les gens ne veulent plus en manger. Y disent que c'est un crime de manger c't bête ! Je comprends pas. Est-ce que j'ai plus la gueule d'un tueur qu'un tripier ou qu'un bovin, hein ?

Les bovins justement y nous aiment pas non plus. Ils nous méprisent même. On est trop raffinés pour eux, je présume. Nous non plus, remarquez, on ne les aime pas, ces paysans qui ont de la paille dans les chaussures. »

Le blues du boucher chevalin.

Cœur de cheval

L'indispensable :
1 tranche fine de cœur par personne, 1 kg de carottes nouvelles, un peu de beurre, quelques oignons frais, du sucre, du sel et du poivre, 1 orange et 1 bouquet de coriandre.

Profil du sentimental

Le cœur des animaux est parfois dur sous la dent, pas celui du cheval. Le boucher vous le dira.

Des tréfonds de la carcasse à l'air pur

Épluchez, coupez les carottes en petits dés. Émincez les oignons frais et faites-les revenir dans une casserole où dore une noix de beurre avec les carottes, une pincée de sucre, le sel, le poivre, une larme de jus d'orange et un verre d'eau. Faites cuire à couvert et feu doux.
Quand les carottes sont cuites, faites-les patienter. La cuisson du cœur de cheval est si rapide qu'elle se fait au dernier moment.
Faites fondre le beurre dans la poêle ; quand il mousse, déposez les tranches de cœur salées et poivrées. Les saisir à feu vif une minute de chaque côté, puis baissez le feu et les laisser cuire comme un steak. Servez les tranches de cœur lovées dans la compotée de carottes aux agrumes.
Parfumez l'assiette avec quelques zestes d'oranges et des brins de coriandre.

Superflu

Inutile de vérifier dans le dico le poids d'un cœur de cheval.

Conversation conseillée

Des histoires d'amour passées. Le cœur de cheval n'est pas à proprement parler une viande aphrodisiaque, elle incline plutôt à la nostalgie.

Daube de bourricot

L'Indispensable :
I morceau d'âne
coupé en gros dés,
2 carottes,
3 oignons,
clou de girofle,
petits légumes
au choix
genre artichaut
poivrade,
olives noires,
tomates mondées,
sel, poivre
huile d'olive.

Marinade :
I litre de vin blanc,
carottes, oignons,
poivre du Sitchuan

Profil du bon vivant

Plat de résistance et d'hiver. Plus la cuisson est longue, plus la daube est tendre.

D'une vie de chien à plus de ponctualité

La réussite de cette recette tient au strict respect des horaires. La viande commence par se reposer, elle se gorge et se parfume de vin blanc aromatisé pendant deux jours au frais. A l'aube du jour J, retirez la viande, épongez-la. Filtrez grossièrement la marinade. Faites revenir viande et oignons, puis mouillez avec le bouillon de cheval que vous avez conservé. Laissez mijoter. Deux heures avant la fin de cuisson, vers trois heures de l'après-midi, rajoutez les petits légumes. Remettez le couvercle.
Au moment de servir, vers 23 heures, déposez sur la viande bien noire, les dés de tomates bien rouges.

Superflu

Si vos invités ne vous remercient pas tout de suite, ne soyez pas susceptible, ils digèrent.
C'est aussi une question de temps.

Conversation conseillée

On ne parle pas quand on mâche.

C'était un mariage arrangé, coutume fréquente dans cette ethnie. Les invités attendaient derrière la porte. Les fiancés s'observaient timidement. D'abord, elle hurla et pissa plusieurs fois sur le sol avec force. Puis elle releva la tête et regarda son fiancé droit dans les yeux en retroussant la lèvre supérieure. Elle ouvrait et fermait la bouche comme s'il elle mâchait du chewing-gum. Il se leva et la contourna avec difficulté, trébuchant à chaque pas sur sa bite qui labourait le sol de son gland violacé. En voyant sa vulve rose pâle virer au rouge, il n'y tint plus et hurla à son tour. Un cri à réveiller tout le village. Elle haletait, il l'enlaça, lui mordit les cuisses, elle le frappait doucement, enfin il la pénétra. Une fois, deux fois, douze fois, se souvint-elle.

Derrière la porte, les invités, étaient satisfaits.

C'était en 1868. Certains membres du Jockey Club voulaient rigoler. Ils organisèrent à l'hôtel de Londres, un immense buffet, dont le menu fut tenu secret. Seul, le cuisinier qui raconte l'histoire était au courant.

« Pour l'occasion, trois beaux chevaux de race avaient été abattus. Un de 18 mois, un de 3 ans et un de 4 ans. Les jeunes chairs avaient été traitées à blanc comme de la viande de veau et servies en entrées. On avait utilisé les cous et les pieds pour confectionner une gelée délicieuse. Les pièces plus âgées avaient été soit braisées, rôties ou simplement présentées saignantes. Piquées au lard et marinées, elles avaient acquis une saveur qui rappelait celle du daim. Entre les plats, on avait prévu un consommé au goût de volaille très prononcé. »

Le cuisinier ne dit pas si les convives restèrent manger. Mais, quelques années plus tard, s'ouvraient à Londres comme à Paris, les premières boucheries hippophagiques. Comme quoi… Même eux.

9/13

Assiette anglaise et tartare de cheval

L'indispensable :
tranches de saucisson d'âne,
tranches de cervelas de cheval,
tranches de mortadelle de cheval,
tranches de cheval fumé,
tranches d'andouille de cheval,
tranches de jambon cuit de cheval, très cher parce que très rare.

Pour le tartare :
moutarde,
câpres,
persil,
échalotes,
Worcestershire sauce,
Ketchup,
et 2 œufs.

Profil de l'allocataire

A servir quand on n'a pas envie de se mettre aux fourneaux, qu'il fait chaud et que le vin rouge est bon.

Du hachoir au boyau

Agencez vos tranches sur un plat, par couleurs, du rose pâle synthétique au brun sombre voire noir. Enlevez les peaux. Placez l'assiette au centre de la toile cirée. Dégustez avec les doigts. Accompagnez de pain de campagne un peu rassis. Boire.
Le tartare cru de cheval ne se mange qu'à midi, à mon avis. Il est très simple à préparer. Mélangez bien la viande, hachée par le boucher, avec une échalote ciselée, de vraies câpres concassés, du sel, du poivre, de la moutarde, du persil haché et deux jaunes d'œufs. Reconstituez de faux steaks crus.
Posez sur la table de la Worcestershire sauce et du Ketchup, le gourmand fera son propre accommodement.

Superflu

Servez une assiette où se prélasse un monticule de frites.

Conversation conseillée

Souvenirs de vacances en Corse ou en Sardaigne.

Âne farci

L'indispensable :
un âne,
des oiseaux,
truffes,
herbes fraîches,
olives vertes,
huile d'olive
de Cordoue.

Profil du noceur

Un repas de noce pour plus de cinquante personnes non végétariennes, très cher, très long, très bon.

De l'abattoir au grill

Nous éviterons de parler de ce qui fâche.
La recette commence donc au moment où l'âne est prêt à cuire, déshabillé et rose comme au jour de sa naissance. Même chose pour les oiseaux qui seront d'abord rissolés. Enfin vient le moment d'habiter le ventre de l'âne. Réfléchissez bien et associez herbes, lamelles de truffes et volailles au gré de votre fantaisie. Recousez l'ouverture ventrale et empalez la bête comme on le ferait d'un cochon. Évitez toutefois de lui mettre une pomme dans la bouche.
Tournez la broche pendant sept heures en massant la peau avec les herbes et l'huile d'olive.

Le superflu

Le ventre de l'âne n'étant que le réceptacle dans lequel mijote tout ce que vous avez trouvé de rare et cher, évitez les fautes de goût. L'âne, réputé pour sa gentillesse, est très raffiné. Il ne s'accouple pas avec n'importe quoi. Une mauvaise farce pourrait le buter. Il serait capable de mal cuire.
Et n'oubliez pas que sa viande est aphrodisiaque, la noce risque d'être chaude.

Lorsqu'un cheval engrosse une ânesse, ils donnent naissance à un mulet, lui-même stérile. Erreur de la nature. Lorsqu'une jument se laisse chevaucher par un âne, elle accouche d'un bardot. Ça ne s'invente pas.

Le bardot est lui aussi stérile. Difficile, donc, d'acheter du mulet ou du bardot sur le marché. L'âne n'étant pas stérile, il se trouve plus facilement. Il a une réputation de con, bosseur, pas fier et délicieux. En effet, cet animal obstiné, habitué des chemins chaotiques et secs, se nourrit essentiellement de chardons, ce qui rend sa chair encore plus tendre et savoureuse, teintée d'un léger goût d'artichaut.

La scène se passe en 1954, à Hollywood, le soir de la remise des oscars du cinéma. Enfin, on annonce le meilleur prix d'interprétation masculine... FRANCIS LE MULET! Le mulet ce n'est pas le nom de Francis mais sa race. C'est la première fois qu'une star à poil est ainsi honorée.

Francis n'est pas un inconnu il est déjà le héros de plusieurs films. Il faut dire que la bête est plutôt unique. Il suffit que son maître siffle ou lui fasse écouter de la musique et notre Francis, pas con, remue l'oreille, lève la patte et remue les lèvres comme s'il parlait. La star du muet connut une petite carrière cinématographique avant d'aller vieillir tranquillement dans un ranch paradisiaque.

Un mulet pas comme les autres

Bardot à l'étouffée

L'Indispensable :
un morceau
de filet de bardot,
échalotes grises,
1 carotte,
herbes de fin d'été
un peu roussies,
sel, poivre,
2 tomates mondées,
1 gousse d'ail,
huile d'olive vierge,
1/2 litre de
bouillon de bœuf.

1 cocotte.

Profil du client

Le bardot est rare, extrêmement rare mais sa chair savoureuse peut rivaliser avec celle de son papa le cheval. J'ai choisi de le cuisiner le plus naturellement du monde pour lui conserver toute sa saveur.

Du mépris à la cocotte

Faites revenir les échalotes émincées dans l'huile d'olive, jetez le filet dans la cocotte, le retourner pour qu'il dore bien. Ensuite, c'est ultra-simple : ajoutez tous les ingrédients par ordre alphabétique et mouillez avec un demi-litre de bouillon.
Gardez les tomates, que vous ajouterez, coupées en dés, après les quatre heures de cuisson à feu doux réglementaires, sans lever le couvercle.
Ce filet confit est encore meilleur réchauffé.
Le bardot à l'étouffée peut devenir un plat unique si vous ajoutez quelques légumes comme des navets, des carottes et quelques pommes de terre, des rates, en fin de cuisson.

Le superflu

Je ne vois pas.

Conversation conseillée

Persifleuse, un repas de ragot sur les mondanités.

12/13

Le koumiss, lait de jument fermenté

L'Indispensable :
du koumiss de Mongolie ou du lait de jument Halfinger des Alpes de Sarnental, acide lactique, levure.

1 lampe de poche, de la cellulose, 1 trayeuse, 1 bol.

Profil du patient

Les convalescents qui veulent reprendre des forces ; les épuisés chroniques, les curieux, les alcooliques en manque.

Du pis aux lèvres

La scène se passe dans une écurie, quand les poulains s'endorment. Sans bruit, l'éleveur fera sortir les juments et les installera dans la salle à traire. Asseyez-vous sagement sur un tas de paille et regardez-le faire son boulot car vous n'aurez jamais suffisamment de doigté et de sensibilité pour arriver à traire la bête, un peu rebelle.
Enfin, il vous offre un bol de lait bien chaud.
Vous vous entendez crier « maman ! », et vos larmes de bonheur le feront mourir de rire.
Il sait que le lait de jument est celui qui se rapproche le plus du lait maternel.
Pour la version alcoolisée, je sais qu'une pincée de bactéries d'acide lactique et une autre de levure transforment cette boisson inoffensive en breuvage pétillant, mousseux et rafraîchissant, plus ou moins décapant. Essayez différents dosages.

Le superflu

Si vous n'aimez pas la campagne, on trouve du lait de jument surgelé dans les magasins bio.

Conversation conseillée

Aucune, délectez-vous.

On dit que le peuple des Tartares et celui des Scythes se dopaient au lait de jument et que c'est de cette boisson qu'ils tiraient leur force cruelle. On raconte aussi que le fluide lubrifiant la vulve d'une jument en rut est un puissant aphrodisiaque. On connaît les vertus du lait d'ânesse qui embellit les femmes, en revanche le sperme d'étalon, vendu si cher sur le marché, n'a apparemment aucune influence sur le comportement humain, inutile donc de vous ruiner pour vous en procurer.

Hier, en fin d'après-midi, une équipe forestière a découvert en Hermanie centrale, le camp dévasté des derniers Limpuzani. Les corps avaient été tués d'une balle en plein front. Le sol était martelé de milliers de traces de sabots. Rien ne permet de connaître l'origine du massacre.

Dépêche AFP. Non datée.

13/13

Âme de cheval dédiée aux ancêtres

L'indispensable : **parler couramment le Limpuzani, être là au bon moment, et surtout aimer les bêtes.**

Profil de l'élu

Nourriture spirituelle accessible aux seuls initiés de la tribu des Limpuza.

De l'amour à la paix

Les Limpuzani d'Hermanie centrale ne possèdent qu'un cheval, qu'ils vénèrent à l'égal d'un dieu. Lorsqu'il meurt, la tribu sombre dans un immense désespoir bien arrosé.
Au matin, les hommes allument un grand feu tandis que les femmes, rasées en signe de deuil, dépouillent et dépècent la bête, en suivant bien le contour des muscles. Il ne doit plus rester aucun nerf.
La viande est ainsi purifiée. Enfin, à la tombée de la nuit, à la lueur de flammes, le cheval sacré est bien grillé sur chaque face. Sonne alors l'heure de la ruée vers les meilleurs morceaux. Tous veulent s'approprier la force et la beauté de l'animal.
Parfois le repas tourne au pugilat. La bite, le cœur et les oreilles de l'animal sont bien sûr particulièrement prisés. Au matin, quand la tribu cuve, l'âme de l'animal peut enfin partir au galop avec la première rosée, retrouver ses ancêtres.

Le superflu

De la citronnelle contre les moustiques.
Un bréviaire.

Conversation conseillée

Un Limpuza ne parle pas la bouche pleine.

Cabrés dans les premières heures,
Cheval, âne et mulet
ont parcouru un Centaure naturel
sellé d'une carte Keaykolour
par l'imprimerie Néotypo de Besançon,
puis lié, couture écolier, par Brogniart à Paris,
achevé à midi pile le 24 octobre de l'an 2000.

Dépôt légal : octobre 2000